Vorwort

Hast du schon mal wahrgenommen,
Wenn du deine Haut verletzt,
Dass dort Blut hervorgekommen?
Genau darum geht es jetzt!

Ganz bestimmt hast du's entweder
Mal gehört oder gesehn,
Blut – das hat und braucht ein jeder,
Doch wozu? Kannst du's verstehn?

Unser Blut, das musst du wissen,
Wenn vergrößert tausendfach,
Es besteht aus kleeeeinen „Kissen" –
Weißlich-rund und rötlich-flach.

Und genau von diesem Pärchen –
Höre bitte eifrig zu –
Handelt unser wahres Märchen
Von der Erin und dem Lou.

Kapitel I

Irgendwo in einem Knochen,
Fest und kräftig, wie ein Berg,
Arbeitet ununterbrochen
Das Erythrozyten-Werk.

Ja, genau, Eh-Rüht-Roh-Züh-Ten,
Rote Körperchen im Blut,
Und die weißen, Leukozyten,
Sie behüten diese Brut,

Alle stehn in Reih und Glied,
Alle singen dieses Lied:

„Ihr müsst durch die Adern eilen,
Frischen Sauerstoff verteilen,
Und das Kohlendioxid
Muss zurück zur Lunge mit.

Von der Haut bis an den Magen
Wird die Arbeit ausgetragen,
Durch das Herz und zum Gehirn,
Von der Ferse bis zur Stirn,

In die Leber, in die Nieren
Habt ihr euch zu manövrieren,
Nur ein Ziel wird angestrebt:
Dass der ganze Körper lebt!“

Plopp, plopp,
Schlüpf und hopp,
Einer nach dem nächsten,
Plopp, plopp,
Schlüpf und hopp,
Wird da produziert,

Plopp, plopp,
Schlüpf und hopp,
Aber all die Schwächsten,
Schwupp, schwapp,
Wisch und ab,
Werden aussortiert.

5

Die, die sich bewegen kaum,
Die, die können sprechen kaum,
Die, die selber atmen kaum,
Kommen in den Warteraum.

Dort steht ein weißer General,
Total oval, zentral im Saal,
Egal, und sagt: „Dann schaun wir mal..."

Er schaut... und sieht... und fragt: „Nanu?
Da hinten, hey, wer bist denn du?"
Und in der Tat, dort steht versteckt
Ein rotes Mädchen aufgeschreckt.

„Mein Name... mein Name ist Erin...",
Mit zittriger Stimme sie raunt.
– „Nun, Erin, kannst du mir erklären",
Fragt der General,
Nicht ganz so brutal,
Wobei er die Erin bestaunt,

„Kannst du mir erklären,
Oh schüchterne Erin,
Was machst du denn hier in dem Raum?
Hier sind nur die Schwachen,
Und ich muss wohl lachen,
Denn Schwächen seh ich an dir kaum!"

Da wird die Erin rot vor Scham –
Man sieht's bloß einfach nicht –
Denn dass die Erin hierher kam,
War Zufall, nicht Absicht.

Und wieder mal
Der General:
„Vielleicht hast du es nicht gewusst,
Doch dies ist, was du machen musst:

Du musst durch die Adern eilen,
Frischen Sauerstoff verteilen,
Und das Kohlendioxid
Muss zurück zur Lunge mit.

Von der Haut bis an den Magen
Wird die Arbeit ausgetragen,
Durch das Herz und zum Gehirn,
Von der Ferse bis zur Stirn,

In die Leber, in die Nieren
Hast du dich zu manövrieren,
Nur ein Ziel wird angestrebt:
Dass der ganze Körper lebt!"

Da schnappt er Erins kleine Hand
Und schlüpft mit ihr ins Aderland...

Kapitel 2
auf zum Herzen!

In der Ader angekommen,
Fragt die Erin ganz beklommen:
„Wo befinden wir uns nun?
Und was hab ich hier zu tun?“

Darauf spricht der General:
„Das hier ist ein Blutkanal.
Folge anfangs stets den Andern,
Ohne jemals abzuwandern!
Heute komm ich mit dir mit –
Folge mir auf Schritt und Tritt!“

Auf schnelle Art und Weise
Zum Herzen geht die Reise.

Und sie schwimmen, und sie treiben
Mit den andern roten Scheiben
Durch die Adern, breit und schmal –
Erin und der General.

Plötzlich fragt ihn Erin,
Neugierig und leis:
„Können Sie erklären,
Warum sind Sie weiß?“

„Ich heiße Lou, sag zu mir „du“,
Ich bin ein Leukozyt,
Und deine Frage kommt verfrüht,
Wir kommen noch dazu.“

Und sie schwimmen, und sie treiben
Mit den andern roten Scheiben...

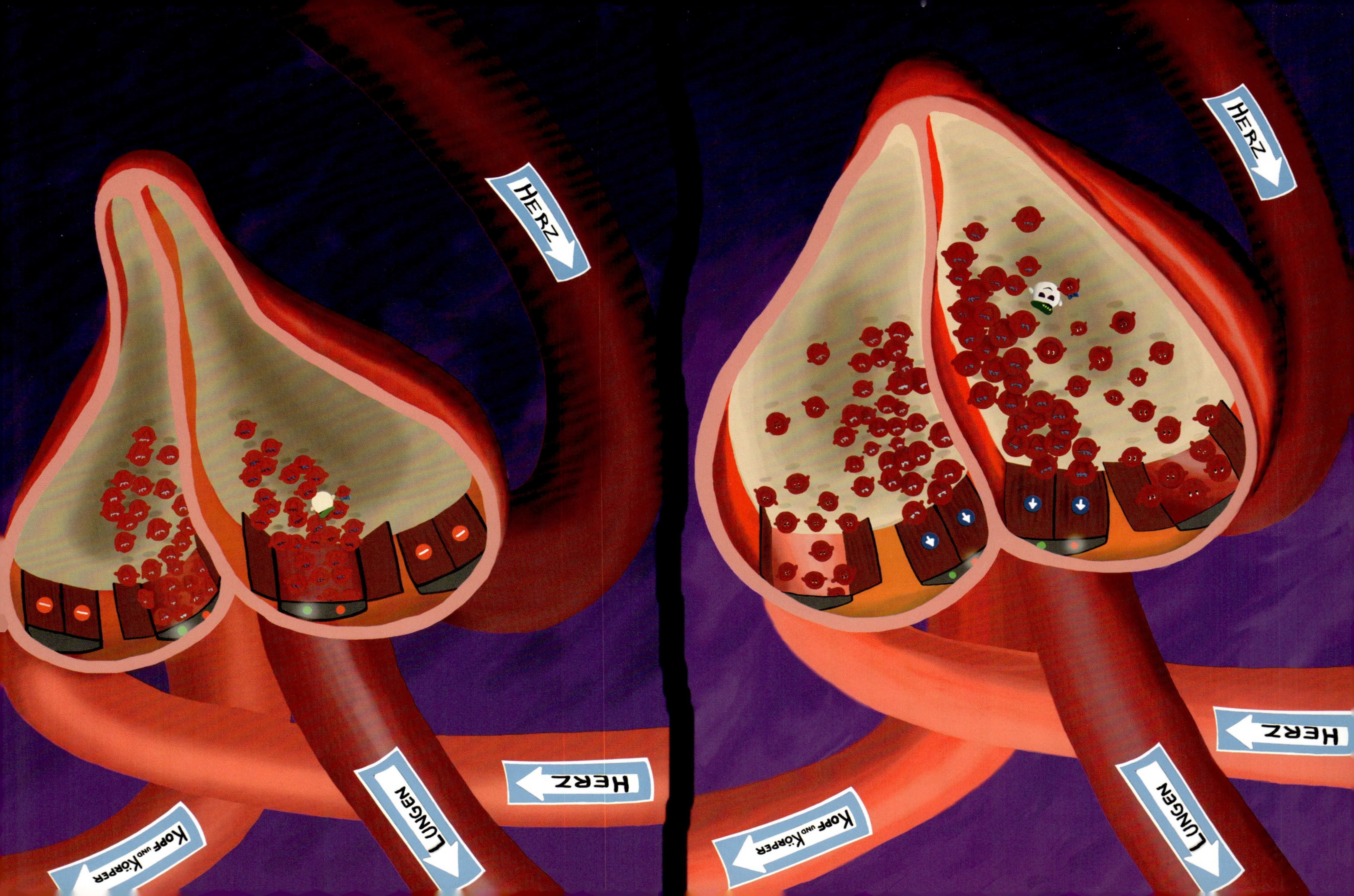

HERZ
HERZ
LUNGEN
KOPF UND KÖRPER
HERZ
HERZ
LUNGEN
KOPF UND KÖRPER

Und sie fließen, und sie fließen,
Und sie fließen in das Herz.

Erin findet's richtig toll,
Denn das Herz, es pumpt sich voll –
Ist die Kammer voll mit Blut,
Drückt es raus die ganze Flut!

Das hunderttausend Mal am Tag –
Ein jedes Mal ist ein Herzschlag!

Und sie schießen, und sie schießen,
Und sie schießen aufwärts.

Auf schnelle Art und Weise
Zur Lunge geht die Reise.

CO2
O2 Ausgabe

Kapitel 3

ab durch die Lunge!

Da fragt der Lou: „Ich hoffe doch,
Was du zu tun hast, weißt du noch?“
– „Ich muss durch die Adern eilen,
Frischen Sauerstoff verteilen!“

„Doch diesen müssen wir erst holen!
Du kriegst ihn in den Alveolen –
Das sind ganz kleine, feine Blasen,
Dort findet statt ein Tausch von Gasen.

Den Sauerstoff in Fläschchen –
Man nennt ihn auch O2 *(oh-zwei)* –
Den legst du in dein Täschchen,
Schwimmst überall vorbei,

Du musst dich dann beeilen,
Ihn zügig zu verteilen...“
– „Und das Kohlendioxid
Muss zurück zur Lunge mit!“

„Klasse, Erin, das ist richtig!
Es ist einfach, aber wichtig:
Atmet man ein – frischer Sauerstoff rein,
Atmen man aus – Kohlendioxid raus.“

„Das Wort ist schwierig, Junge, Junge,
Ich krieg ’nen Knoten in der Zunge!“

„Na ja, man nennt’s auch CO2.“ *(zeh-oh-zwei)*
– „Da bleib ich liebend gern dabei!
Na denn, genug herumgestanden,
Ich glaub, ich hab es jetzt verstanden!

Wo muss ich nun als Nächstes hin?“
– „Zu dem Gehirn! Das macht doch Sinn,
Und so was muss doch echt gewusst sein:
Ohne Gehirn gibt’s kein Bewusstsein!“

Und sie fließen, und sie fließen,
Und sie fließen in das Herz.
Und sie schießen, und sie schießen,
Und sie schießen aufwärts.

Auf schnelle Art und Weise
Geht zum Gehirn die Reise...

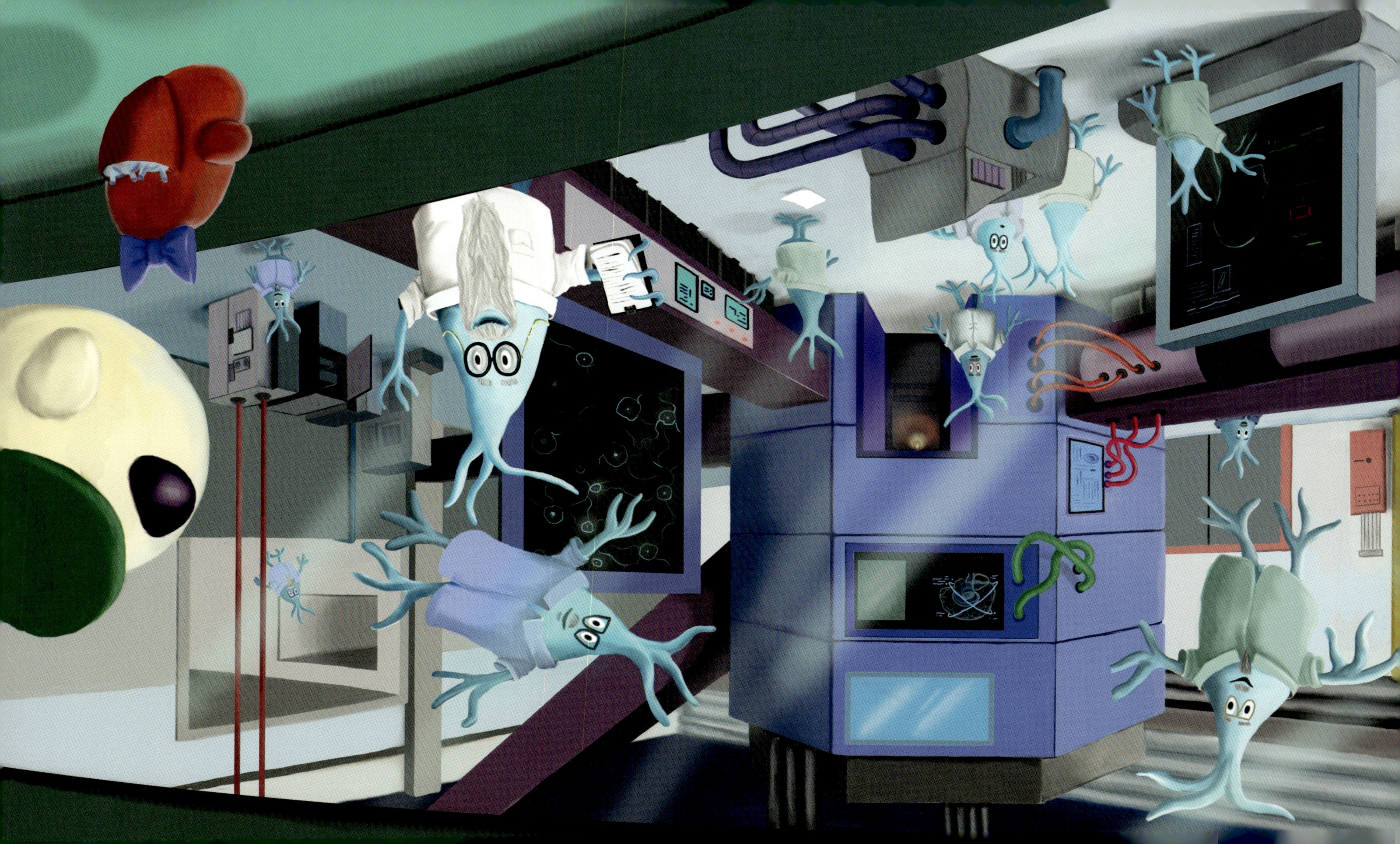

Kapitel 4

zu Besuch im Gehirn

Bald angekommen im Gehirn,
Im Schädel drin, hinter der Stirn,
Da staunt die Erin: „Boah!
Es ist wie ein Labor!“

Alle tragen Brillen, Bärte,
Zählen Zahlen, werten Werte,
Doch damit ist nicht genug –
Alle sind sie alt und klug!

Schon kommt der Älteste von denen,
Mit langem Bart und wenig Zähnen,
Er lispelt stark und spuckt dabei:
„So, so! Da seid ihr schon, ihr zwei!“

Der Lou gibt Erin einen Klaps:
„Sag Hallo zum Professor Snaps!“
Sie strengt sich an, dass sie nicht lacht:
„Ich hab Ihnen O2 gebracht!“

„Oh, Sauerstoff!“, sagt Snaps und spuckt,
Mit Spucke, die er nicht verschluckt,
„Bringst du uns nächstes Mal noch mehr?
Wir schuften viel, ja sogar sehr,
Und können’s nicht entbehren!“
– „Na klar!“, verspricht ihm Erin.

„So, so! Na dann erzähl ich dir,
Warum du kommst zuerst zu mir:

Du siehst, wir wachen Tag und Nacht,
Hier wird entschieden und gedacht:
Wir legen fest, was Lika macht,
Wann Lika weint und wann sie lacht,
Wir steuern, was die Lika sagt,
Wenn man sie fragt – und ungefragt…"

Da muss ihn die Erin schon kurz unterbrechen:
„Wer ist diese Lika, von der Sie jetzt sprechen?"
– „So, so!", lispelt Snaps und er sabbert dabei,
„Du kennst Lika nicht? Sauerei! Hühnerei!
Hast du ihr nichts berichtet, Lou?
So, so! Nicht schlimm – so hör jetzt zu:

Lika ist ein junges Mädel,
Ihr gehört auch dieser Schädel
Mitsamt Augen, Ohren, Hirn,
Nase, Zunge, Mund und Stirn,

Dieser Körper, wo wir leben,
Er ist Lika untergeben,
Und wir haben ihn zu hegen,
Zu beschützen und zu pflegen.

Sie ist wirklich lieb und nett,
Sie kann malen, tanzt Ballett,
Manchmal sorgt sie doch für Jammer,
Wenn sie hört nicht auf die Mama.
Nicht bei jeder Frage, leider,
Sind wir Hirnzellen Entscheider –
Daher macht sie manchmal Fehler…",
Spricht der lispelnde Erzähler.

A Mein Standort
B Linkes Auge
5 min
2 min
4 min
A
B

Erin sagt: „Lou, lass uns gehen,
Ich will diese Lika sehen!“
– „Ach, Erin, so leicht ist es nicht,
Wir sind doch *in* Likas Gesicht!"

„So, so, mein weißer Nachbar,
Es ist zwar schwer, doch machbar!
Ich bin vielleicht schon alt,
Doch kann ich noch was taugen!
Drum eilt zu Likas Augen,
So, so, und möglichst bald!“

Auf schnelle Art und Weise
Zum Auge geht die Reise –
Und etwas Kohlendioxid
Nimmt Erin gleich natürlich mit.

Und sie schwimmen, und sie treiben
Mit den andern roten Scheiben
Auf verzweigten, schmalen Wegen
Zu den Augen, nah gelegen.

Schon kommen sie im Auge an,
Aus dem man wahrlich blicken kann!
Genau – sie schaun aus Lika raus
Und sehen: Lika ist zu Haus.

Im lauen, goldnen Sonnenschimmer
Sitzt Lika still im Kinderzimmer,
Mit bunten Tieren an den Wänden,
Und hält ein Püppchen in den Händen.

Die Mama ruft sie aus dem Garten:
„Mein Schatz, komm runter, alle warten!
Das Mittagessen wird noch kalt!“
– „Sofort!“ (das heißt so viel wie „bald“)

Ganz sanft legt sie die Puppe nieder –
Die schließt, fast menschlich, ihre Lider –
Dann steht sie plötzlich auf und geht,
Und geht, bis sie dann wieder steht,

Nimmt etwas in die linke Hand,
Geht weiter dann entlang der Wand,
Dreht sich nach rechts im Handumdrehen,
Und Folgendes ist nun zu sehen:

Lika steht nun vor dem Spiegel:
Lange Zöpfe, lächelt breit,
Linke Hand – ein Schokoriegel,
Rechte – macht sich schon bereit,
Um die Hülle aufzureißen,
Voller Lust hineinzubeißen,
Schlemm und schmatz und
mjam mjam mjam –
Aufgegessen jedes Gramm!

In des Glückes ganzer Fülle
Lässt sie los die leere Hülle,
Macht die blauen Äuglein zu
Und genießt in voller Ruh.

Der Lou sagt: „Wenn wir länger bleiben,
Dann muss sie ihre Augen reiben!"
– „Na denn, genug herumgestanden,
Ich glaub, ich hab es jetzt verstanden!"

„Ich begleit dich noch ein Stück,
Doch ich muss schon bald zurück.
Auf mich warten ja die Schwachen,
Jemand muss sie überwachen."

Darauf fragt erneut die Erin:
„Lou, wann wirst du mich belehren,
Da ich keine Ahnung habe –
Was ist deine Aufgabe?
Denn du bist ja eigentlich
Weiß gefärbt, nicht rot wie ich!"

– „Nun wart noch, liebe Erin,
Es wird sich schon noch klären!
Als Nächstes müssen wir zum Magen,
Um Sauerstoff dorthin zu tragen!"

Auf schnelle Art und Weise
Zum Magen geht die Reise...

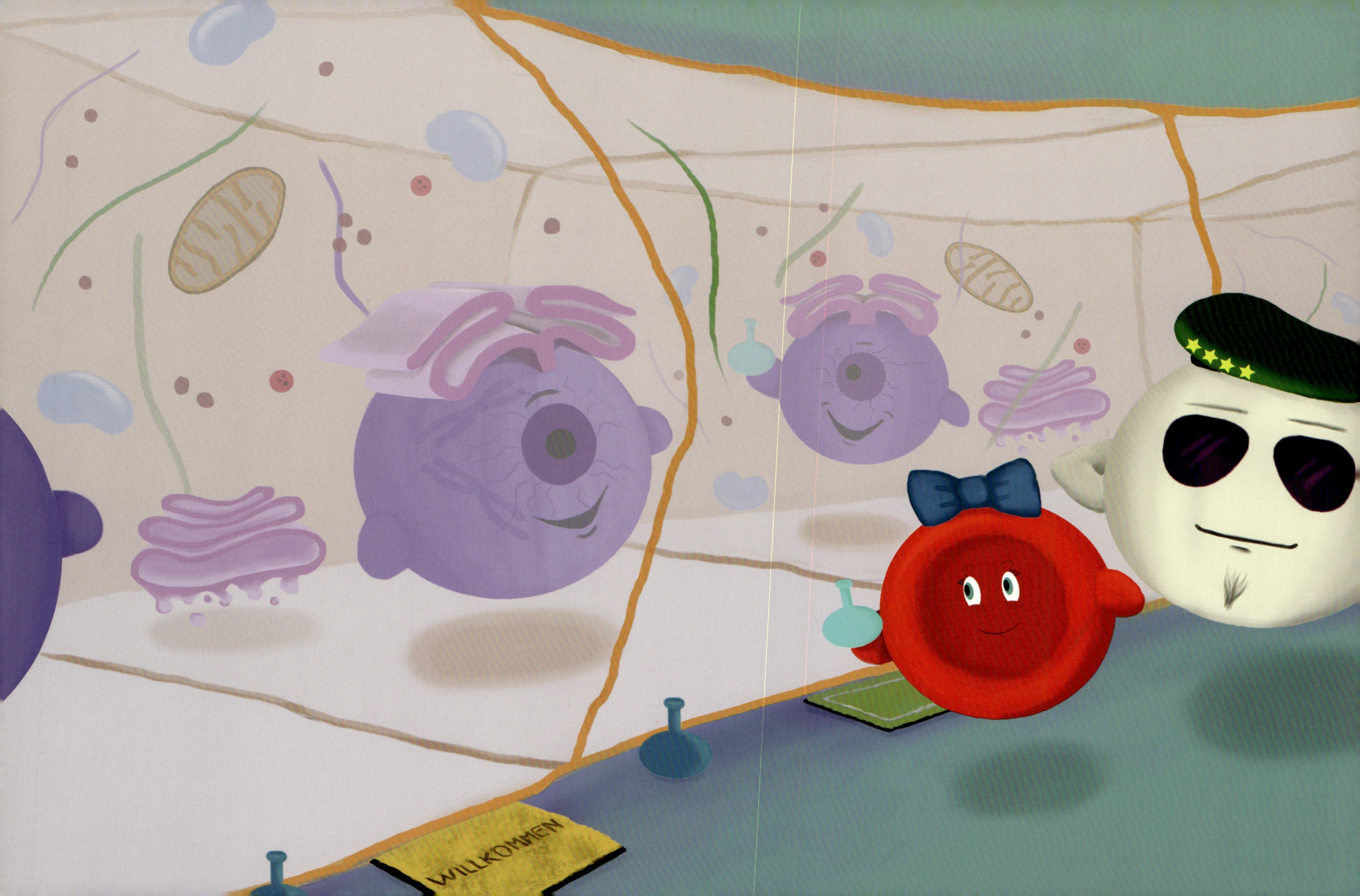
WILLKOMMEN

Und sie schwimmen, und sie treiben
Mit den andern roten Scheiben
Durch die Brust, vorbei am Herz,
Zu dem Magen niederwärts.

Hier ein Fläschchen, da ein Fläschchen
Kommt aus Erins Rückentäschchen –
Fröhlich ziehn sie durchs Gebiet,
Während Erin summt ihr Lied:

„Von der Haut bis an den Magen...
Trallala, la-la, la-laaa...
Wird die Arbeit ausgetragen...
Schubidort und schubidaaa...“

Fast schon wie ein Zeitungsbote
Wandert unsre kleine Rote,
Bringt O_2 für jede Zelle
Stets persönlich bis zur Schwelle,
Und das Kohlendioxid
Nimmt sie dann natürlich mit.

Nach ’ner Weile muss sie fragen:
„Was macht eigentlich der Magen?“
Lou sagt: „Sachte, keine Hast –
Dort kommt schon Professor Gast!“

SCHOKOLADE!

Gaaaanz langsam und mit vielen Stopps
Erscheint ein kugelrunder Klops
Im schmuddeligen Hemd mit Kragen
Tief aus dem Inneren vom Magen.

Auf seinem Kittel – Essensreste,
Sein Mundgeruch – wohl nicht der beste,
Vom Äußer'n her ein echter Graus,
Doch sieht er dabei freundlich aus.

Da spricht der dicke Magen-Chef,
Und jedes „S“ klingt fast wie „F“:
„Mjam, mjam! Wer hätte das geglaubt?“,
Sagt Gast, wobei er schmatzt und schnaubt,
„Wie herzhaft süß und dabei edel
Ist dies Erythrozyten-Mädel!“

„Professor Gast“, sagt Lou und lacht,
„Er futtert rastlos Tag und Nacht,
Wann immer Lika etwas schluckt,
Wird in die Hände hier gespuckt.
Dann wird er tätig, und mit ihm
Sein riesiges Verdauungs-Team.
Mein lieber Freund, magst du der Erin,
Was ihr so treibt, mal selbst erklären?“

„Mjam, mjam! Das mach ich aber lecker...
Äääh, locker!“, sagt der Meisterschlecker,

„Alles, was die Lika kaut
Und dann schluckt, wird hier verdaut.
Mal ein Würstchen, mal 'ne Möhre
Kommen durch die Speiseröhre.“

Erin fragt ihn überrascht:
„Und was wird hier noch genascht?“
– „Was so kommt durch Likas Mund –
Lecker, aber ungesund:

Pizzen, Hamburger und Chips,
Marzipan und Erdnussflips,
Schokolinsen, Schaumküsse,
Kekse, Torten, Pfeffernüsse,

Zuckerwatte, Lollipops,
Gummibärchen, Eis und Drops,
Butterplätzchen, Schokolade,
Popcorn, Cola, Limonade,

Karamell und Knusperfritten,
Stollen, Lebkuchen und Schnitten,
Hotdogs, Döner, Cornflakes, Waffeln –
Und das alles stets in Staffeln!

Aus allem, was ich hab genannt,
Hast du Gemeinsames erkannt?“
– „Süß und fettig,
Darauf wett ich!“

„Mjam, mjam! Leider hast du Recht –
Lika, die ernährt sich schlecht!
Zucker, Fette ohne Maß
Sind ein kurzlebiger Spaß!

Früher war ich richtig schlank,
Heute – sieht man – fett und krank.
Drauf gepupst… Ich mein’, egal!
Vielleicht ändert sich das mal…

Oh, ich hätt es fast vergessen,
Gleich hat Lika Mittagessen!
Tschüsschen, Erin! Tschüsschen, Lou!“
Er geht weg und grunzt dazu.

„Na denn, genug herumgestanden,
Ich glaub, ich hab es jetzt verstanden.“
– „Dann ist dir voll und ganz bewusst,
Was du im Körper machen musst?“

„Ich muss durch die Adern eilen,
Frischen Sauerstoff verteilen,
Und das Kohlendioxid
Muss zurück zur Lunge mit.

Von der Haut bis an den Magen
Wird die Arbeit ausgetragen,
Durch das Herz und zum Gehirn,
Von der Ferse bis zur Stirn,

In die Leber, in die Nieren
Hab ich mich zu manövrieren,
Nur ein Ziel wird angestrebt:
Dass der ganze Körper lebt!“

„Dann trennen sich hier unsre Wege.
Sei immer rege, niemals träge!
Wir werden uns bestimmt bald sehen,
Doch jetzt – jetzt muss ich wirklich gehen.“

Zum Abschied winkt er mit der Hand,
Die Erin winkt ihm auch,
Lou schnellt zurück ins Knochenland,
Und Erin bleibt im Bauch.

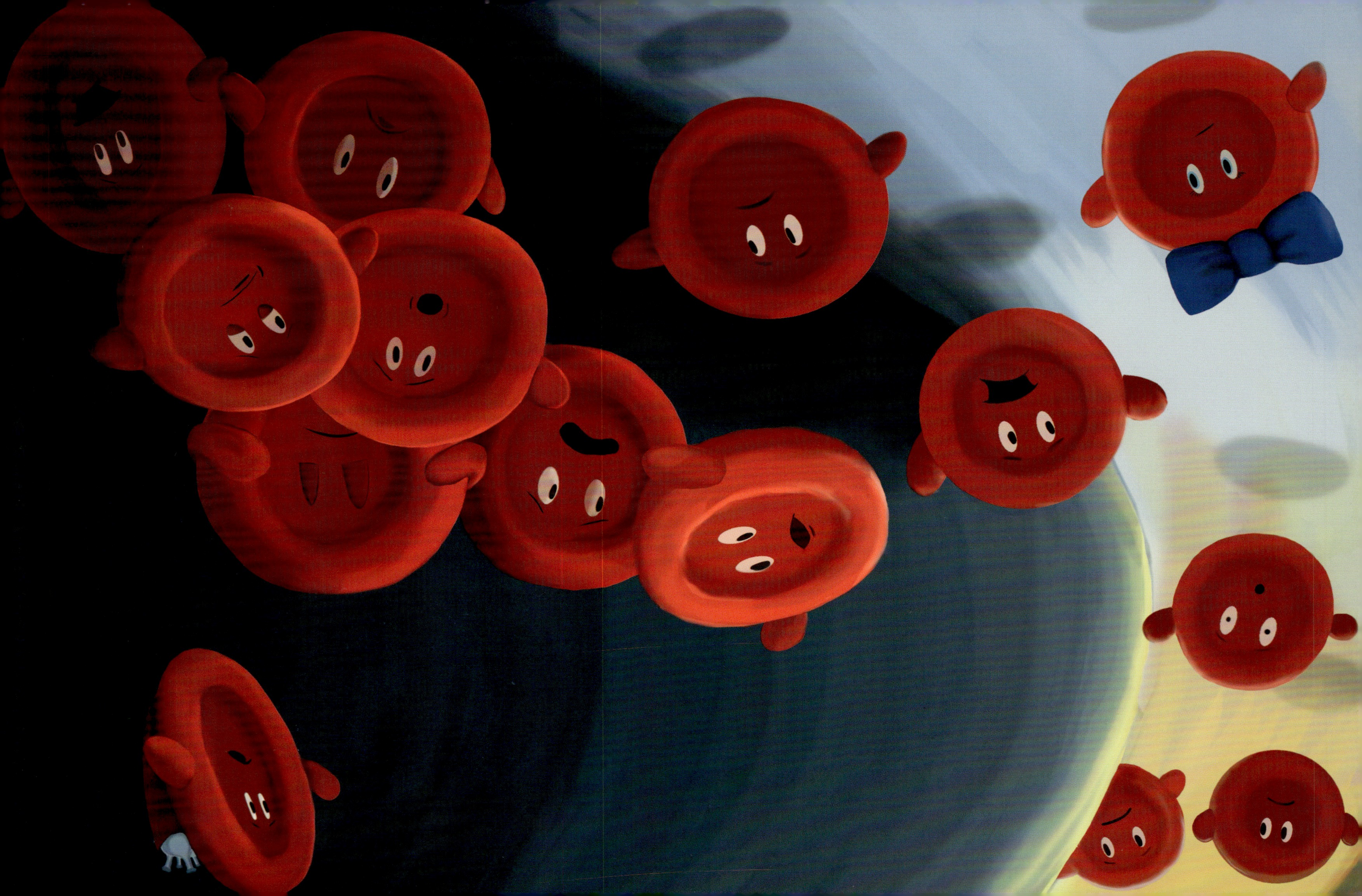

Viele Tage sind vergangen,
Seit die Erin angefangen –
Jedem ist sie nun bekannt
Hier, in Likas Aderland!

Mittlerweile ohne Eile
Flitzt sie durch die Körperteile,
Das so wichtige O_2
Bringt sie überall vorbei,
Sammelt ein das CO_2 –
Und hat ganz viel Spaß dabei!

Doch heute – da ist etwas mächtig verdächtig
Im Körper von Lika, wo sonst alles prächtig,
Denn heut ist es still und so ruhig,
Und Erin, die fragt sich: „Was tu ich?"

Es ist nicht nur ruhig, es wird auch ganz warm,
Ein jeder hat Angst in dem Körperchen-Schwarm,
Sie zügeln die Zungen und zittern,
Weil sie etwas Furchtbares wittern.

Sie jammern und heulen: „Oh weh! Eieiei!
Wo bleibt nur die Po-polizei-ei-ei-ei
Mit ihren Pistolen und Keulen?"

Doch Erin verlässt all die Feigen,
Die bibbern und schlottern und schweigen –
Sie kann da nicht tatenlos stehen,
Sie will das Geschehen verstehen.

Sie eilt zu den Augen, um einmal zu schauen,
Was ist nur die Ursache für dieses Grauen?

Und auf ihrem Weg trifft sie finstre Gestalten,
Mit peitschenden Geißeln und grausigen Falten,
Doch lässt sich die Erin
Vom Schrecken nicht zehren –
Nein, sie ist nicht aufzuhalten!

Im Auge angekommen,
Schaut Erin wie benommen,
Die Nerven liegen blank:
Bedeckt von einer Decke,
Schaut Lika hoch zur Decke –
Sie ist anscheinend krank!

Sie hustet und sie pustet,
Sie winselt und sie prustet,
Ihr geht es gar nicht gut!
Und mitten im Gejammer,
Da ruft sie ihre Mama,
Damit sie etwas tut.

Sie kommt Sekunden später
Mit einem Thermometer
Und reichlich Medizin –
Doch Lika schreit: „Pralinen!“
Und will sich Vitaminen
Um jeden Preis entziehn!

Während diese beiden kämpfen,
Lika wird geplagt von Krämpfen,
Ihr ist heiß und ihr ist kalt,
Sie erzittert und sie lallt,
Zieht die Decke aufs Gesicht –
Weiter sieht die Erin nicht.

So bricht sie weiter auf im Dunkeln
Und hört nur die Gestalten munkeln:

„Wir werden dich essen,
Wir werden dich fressen,
Lou wird dich nicht retten,
Er hat dich vergessen!"

Sie folgen der ängstlichen Erin –
Sie wollen die Erin verzehren!
Und sie hat den Schreck ihres Lebens,
Ruft ständig nach Hilfe – vergebens!

Da wird sie auf einmal umzingelt,
Vom Mob, der sich kringelt und ringelt –
Bakterien sind es und Viren,
Die Erin so terrorisieren!

Sie wird überfallen, gehauen
Von Wesen mit Krallen und Klauen,
Die grauenhaft knurren und zischen –
Wie soll unsre Erin entwischen?

Auf einmal, da ertönt ein Horn,
Und dann – von hinten und von vorn,
Da stürmen tausend Leukozyten
In silberblauen Sheriffs-Hüten
In diese Menge rasch hinein
Und prügeln auf die Monster ein!

Die Erin schaut... und staunt: „Nanu?“
Denn kein Geringerer als Lou
Befehligt all die Polizisten,
Die nun die Monster überlisten.

„Komm, Erin, uns bleibt wenig Zeit!“,
Sagt Lou, nachdem er sie befreit,
„Wir müssen zu Snaps, um Verstärkung zu holen,
Solang’ meine Jungs hier die Hintern versohlen!“

Kapitel 9
eine gesunde Entscheidung

Professor Snaps ist aufgebracht:
„So, so! Wer hätte das gedacht?",
Und brabbelt weiter darauf los:
„Ist die Bedrohung diesmal groß?"

„Ich fürchte, ja! Wir müssen handeln,
Um es zum Besseren zu wandeln!
Erteilt Kommando an den Mund –
Wir brauchen alles, was gesund!"

„So, so! Es scheint wohl ernst zu sein,
Doch Lika wird nicht von allein
Verlangen nach gesunden Dingen...
Wir müssen sie anscheinend zwingen!"

„Erst wenn's dem Menschen schlechter geht",
Sagt Lou, „geschieht's, dass er versteht
So manches, was ihm war davor
Zuwider für das Aug' und Ohr –
Wir helfen etwas nach von Innen,
Sich, wenn auch kurz nur, zu besinnen."

„So, so! Ich glaub, ich hab's!",
Sagt Herr Professor Snaps,
„Ich muss jetzt einmal schnippen,
Dann regen sich die Lippen!"
Er schnippt mit seiner rechten Hand,
Und alle warten wie gebannt...

Die Lika macht zwar eine Miene,
Doch murmelt: „Ich brauch Vitamine!"

Und Likas Mama springt vor Glück,
Gibt Lika Früchte Stück für Stück,
Kamillentee, Zitronensaft –
So langsam kommt zurück die Kraft...

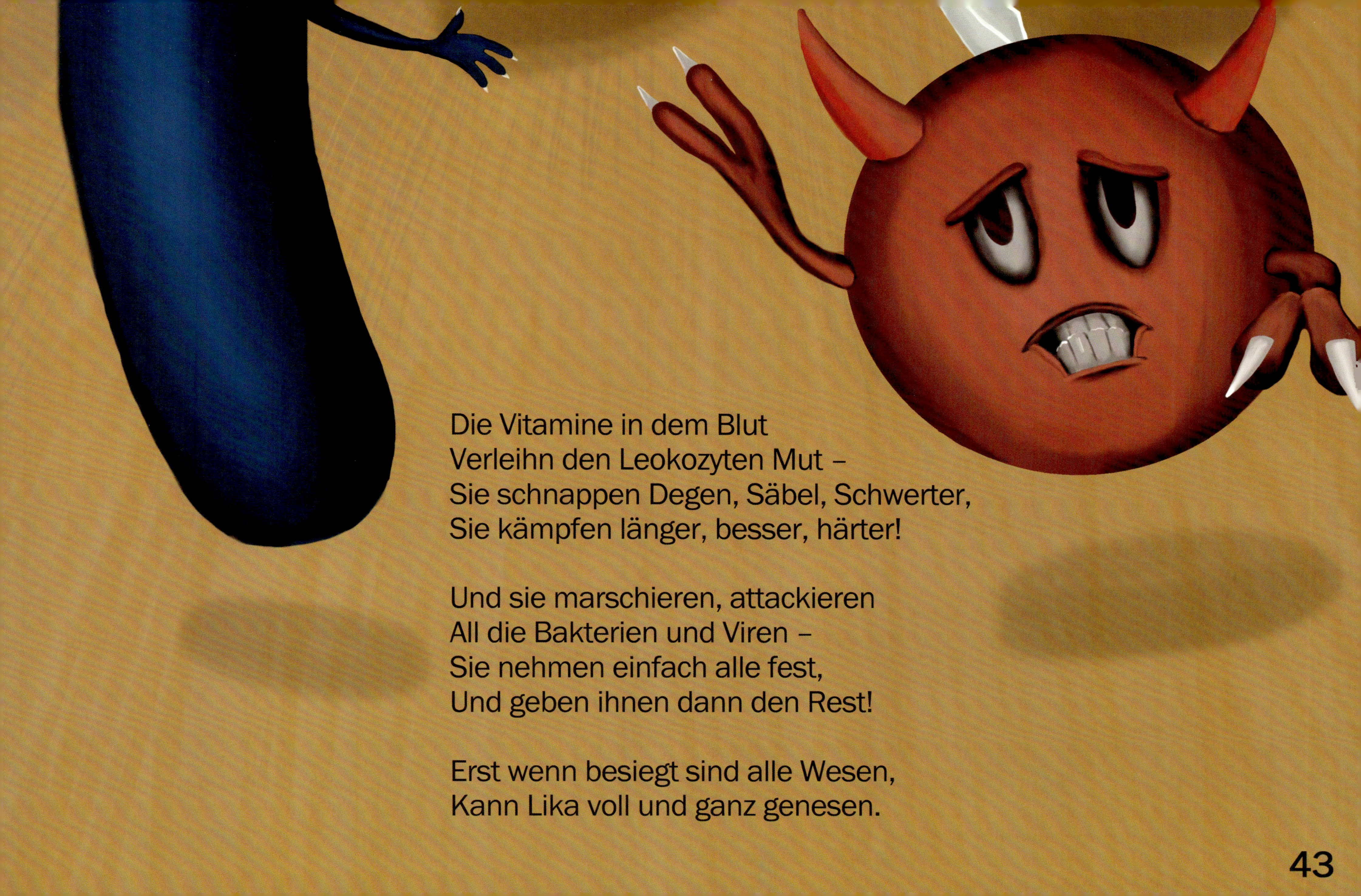

Die Vitamine in dem Blut
Verleihn den Leokozyten Mut –
Sie schnappen Degen, Säbel, Schwerter,
Sie kämpfen länger, besser, härter!

Und sie marschieren, attackieren
All die Bakterien und Viren –
Sie nehmen einfach alle fest,
Und geben ihnen dann den Rest!

Erst wenn besiegt sind alle Wesen,
Kann Lika voll und ganz genesen.

Kapitel 10

Ende gut - frohes Blut

Es dauert eine Handvoll Tage,
Bis endlich bessert sich die Lage:
Die bösen Wesen sind besiegt,
In Lika, die jetzt nicht mehr liegt –
Sie spielt, so froh wie immer,
In ihrem Kinderzimmer.

Auch in ihr drin, da ist man froh –
Und Lou mit Erin sowieso.
„So, so!“, sagt Snaps, „Ich gratulier!
Ihr habt verteidigt das Revier!“

Da fragt die Erin: „Bin ich schuld,
Dass Lika wurde krank?“
– „Nein, nein! Nur deiner Ungeduld,
Ihr ist wohl jede Zelle schuldig
Allerhöchsten Dank.

Du wolltest nicht tatenlos schweigen,
Du rissest dich los von den Feigen,
Du sahst die Gefahr, bist geflohen sogar,
Hast Lou alarmiert, und was danach passiert –
Das lässt sich mit allem Stolz zeigen!“

„Dann bin ich nicht schuld dran, dass Lika erkrankte?“
– „So, so! So ein Quatsch, aber nein!
Das war immer etwas, worum ich so bangte,
Und irgendwann musste es sein.“

„Die Lika, sie wollte sich nie gut ernähren,
Doch so kann ihr Körper sich nicht lange wehren –
Er braucht Vitamine!“, sagt Lou,
„Und dazu noch ordentlich Ruh!“

„So, so! Diesmal lief alles zügig und glatt,
Mal sehen, ob Lika dazugelernt hat,
Sonst kommen die Wesen zurück – und verstärkt!
Seid bloß auf der Hut!“, der Professor vermerkt.

„Nein, nein, Herr Professor, das wird nicht passieren,
Solange hier Erin und Lou patrouillieren!“

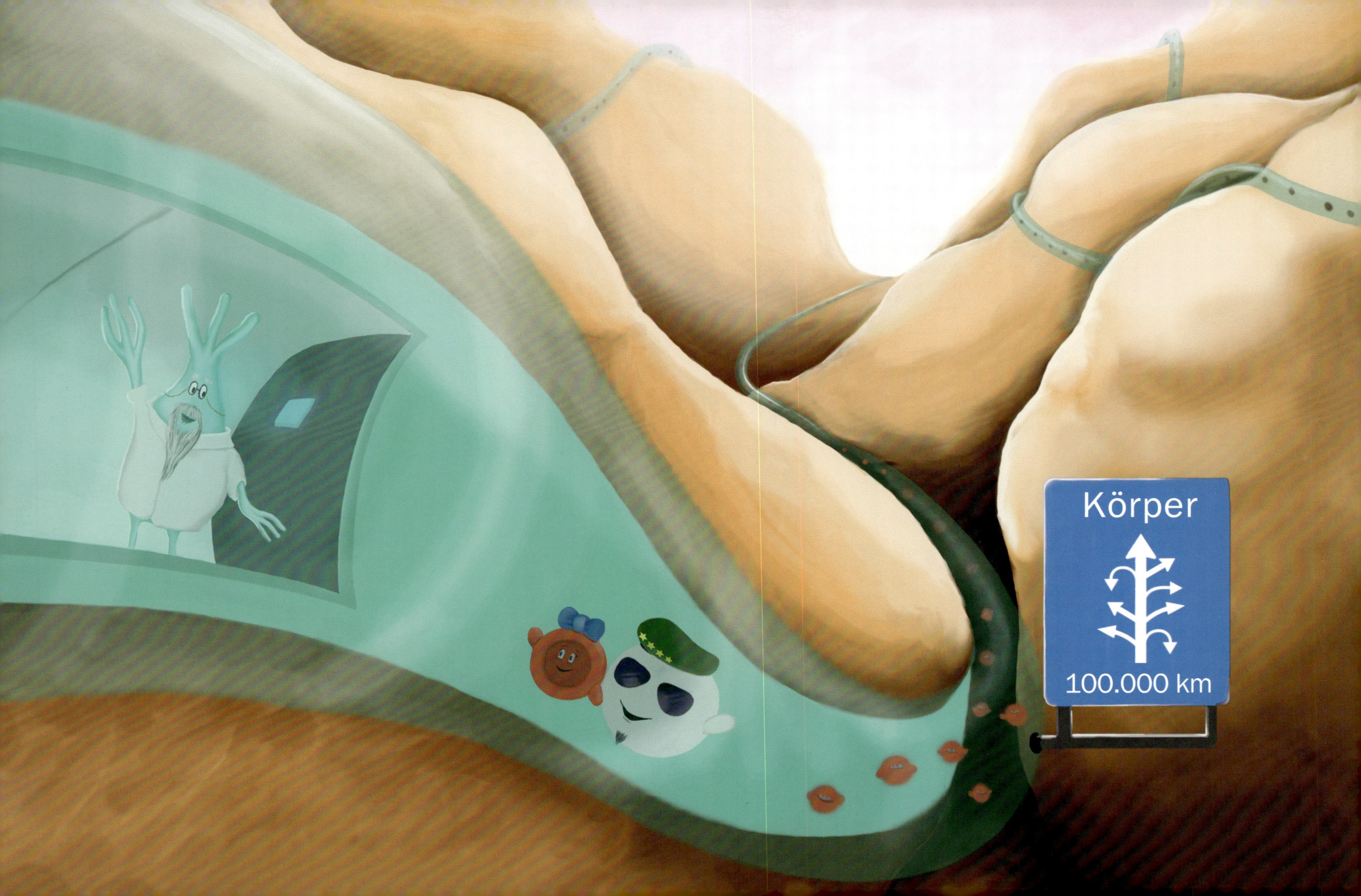
Körper
100.000 km

Dann winken sie ihm mit der Hand
Und schwimmen los ins Aderland.

„Na, Erin, kannst du ***jetzt*** verstehen,
Wofür wir Leukozyten stehen?“
– „Für Abwehr gegen Krankheits-Banden!“
– „Ich glaub, du hast es jetzt verstanden!“

Und sie schwimmen, und sie treiben
Mit den andern roten Scheiben –
Nur ein Ziel wird angestrebt:
Dass der ganze Körper lebt!

Auf schnelle Art und Weise
Beginnt die neue Reise...

Izzy Cartwell

...wurde 1985 in Moskau, der Hauptstadt Russlands (damals noch Sowjetunion), geboren und zog mit elf Jahren nach Deutschland. Heute lebt und arbeitet der Familienvater in Berlin.

Gedichte haben Izzy schon immer fasziniert. Sie haben ihm auch sehr dabei geholfen, sich Deutsch als Muttersprache anzueignen. Wie kein Zweiter weiß er den hohen Wert der Lyrik zu schätzen und schreibt daher all seine Geschichten ausschließlich in klassischen Reimen. Sein erstes Buch „Meme im Lumiland“ erschien 2014 und verkaufte sich innerhalb von nur zwei Monaten über tausendmal in ganz Deutschland. Die Leserschaft war einstimmig begeistert! Ein weiterer Grund, seine wertvolle Arbeit und den wertvollen Beitrag für die deutsche Kinderliteratur fortzusetzen.

***Wissen-Bissen**: Das Wort „Lyrik“ (lyrische Werke sind Gedichte) kommt von „Lyra“, einem über 4.000 Jahre alten Musikinstrument. Vor allem im alten Griechenland war es ein Symbol für Dichter und Denker. Und als Lyrik bezeichnete man eine Dichtung (Gesang oder Erzählung), die zum Spiel der Lyra gehörte.*

Simone Peroni

...kam 1979 in der für Kunst und Kultur berühmten italienischen Stadt Florenz zur Welt und ist seit jeher ein leidenschaftlicher Maler und Zeichner. Der Familienvater lebt und arbeitet in Italien und Deutschland.

Im Jahre 2012 erlangte Simone seinen Abschluss an der renommierten Comic-Universität in Florenz, der International School of Comics. Interessanterweise wurde diese Universität im selben Jahr gegründet, in dem Simone geboren ist. Der freischaffende, talentierte Künstler zeichnet Illustrationen, Karikaturen und führt zahlreiche andere grafische Arbeiten für Kunden in ganz Europa aus.

***Wissen-Bissen**: Simone ist ein männlicher Vorname und die italienische Form von „Simon“. Aber völlig gleich, ob es der italienische Junge Simone oder das deutsche Mädchen Simone ist – der Name kommt ursprünglich aus der hebräischen Sprache und ist abgeleitet vom jüdischen Namen Shimon, welcher „Er (Gott) hat gehört“ bedeutet.*

Wissen-Bissen
Hinter den Kulissen

Lou

Lou (gelesen: „Luh“) ist ein weißes Blutkörperchen – ein „Leukozyt“, was auf Griechisch „weiße Zelle“ bedeutet. Die Aufgabe dieser Zellen ist... richtig, Krankheitserreger bekämpfen. Und der Name Lou ist die Abkürzung von Louis, was die französische Form des deutschen Vornamens Ludwig (ganz früher mal Chlodwig) ist. Das bedeutet so viel wie „berühmter Krieger“.

Prof. Snaps

Der Name von Professor Snaps, unserer lispelnden Gehirnzelle, ist frei erfunden und lehnt sich an das Wort „Synapse“ an. Eine Synapse (griechisch für „Verbindung“) im Körper ist eine Berührungsstelle zwischen einer Nervenzelle und einer anderen Zelle, um verschiedene Signale zu übertragen. Alleine in unserem Hirn gibt es Billionen (das sind Millionen von Millionen) solcher Synapsen, die Informationen weiterleiten, bis sie irgendwann irgendwo im Körper ankommen und wir den linken Arm heben oder ein Wort sprechen, zum Beispiel.

Erin

Erin ist ein rotes Blutkörperchen – ein „Erythrozyt“, wie du jetzt weißt. Das Wort kommt aus dem Griechischen und heißt so viel wie „rote Zelle“. Was machen diese Zellen nochmal? Jawohl, sie verteilen den Sauerstoff aus den Lungen an andere Zellen im ganzen Körper und bringen das Kohlendioxid von den Zellen wieder zur Lunge, damit wir es ausatmen können. Erin ist außerdem ein irisch-englischer, vorwiegend weiblicher Vorname und bedeutet in etwa „Irland“ (das Land).

Lika

Lika ist das Mädchen, in dessen Körper wir uns befinden. Ihr Name leitet sich vom isländischen Wort „likami“ ab, was „Körper“ bedeutet. Lika als Name wird aber auch in Wirklichkeit vergeben, wobei man nicht genau sagen kann, aus welcher Sprache er ursprünglich stammt.

Prof. Gast

Professor Gast ist unser Verdauungs-Chef im Magen. Aber der erfundene Name hat nichts mit dem „Gast“ zu tun, der zu Besuch kommt. Sein Name leitet sich ab vom griechischen Wort für Bauch bzw. Magen ab – „gaster“. Daher kommt auch das Wort „Gastronomie“ (“das Gesetz des Magens“), welches du im Zusammenhang mit Restaurants hören wirst. Dabei geht es um die Kunst und Kultur des Essens.

Wie gut kennst du deinen Körper?

*Ergänze das folgende Gedicht mit **Körperteilen** – und zwar so, dass es Sinn ergibt und sich **reimt**!*
Berühre oder zeige dabei auf das jeweilige Körperteil auf diesen Bildern oder an dir selbst. Wenigstens ungefähr.

Auf geht's!

Ob glatte Glatze oder Zopf –
Eine Frisur hat jeder [...]!
Und wie'n Kamel in der Oase,
Hat er 'nen Höcker – eine [...].
In dieser mag so mancher bohren –
Das macht man gern auch in den [...],
Die lauschen viel und können taugen
Als Brillenhalter für die [...],
Die gerne sehen, Stund für Stund,
Doch reden nicht. Das tut der [...].
Mit seinen vielen Muskelstrippen
Bewegt er zügig beide [...]

Egal ob Mädchen oder Junge –
Dahinter schlängelt sich die [...],
Doch kommt ein Wort dann ohne Sinn,
Herunter klappt so manches [...]
Und heben sich bei manchen Frauen
Die schön gezupften [...],
Gefolgt vom Runzeln ihrer [...],
Wo gleich dahinter das [...]
Dem Kopf befiehlt, er soll sich heiter
Und lässig schütteln. Gehn wir weiter!

Als Träger eines Winterschals
Dient ehrenamtlich unser [...],
Und ein Pullover hält schön warm
Den Ober- und den Unter[...],
An dessen nicht zu fernem Ende

Steckt eine unsrer beiden [...],
Wo fünf fast würstchenhafte Dinger
Zu finden sind – es sind die [...],
Wobei die dickste dieser Pflaumen
Sich anders nennt – und zwar den [...]!
Ganz wichtig ist noch, ungelogen,
Das Armgelenk – der [...].
Ach ja, die Schulter gibt es noch!
Nur keinen Reim drauf. Oder doch?!
Und ist dir drauf kein Reim bewusst,
Gehn wir gleich weiter bis zur [...]:
Dort drin, wie lange, flache Klippen,
Ziehn sich zwölf Paare unsrer [...] –
Nach vorn gewölbt, wie eine Beule,
Am Rücken flach zur [...].
Ihnen ist zweifellos gelungen
Der Schutz für unsre beiden [...],
Nur schützen sie uns nicht vor Schmerz,
Falls uns mal weh tut unser [...]!

Wenn wir uns weiter runter wagen,
Folgt, gut verborgen, unser [...],
Und mit ihm fängt gleichzeitig auch
Der nächste Abschnitt an – der [...].
Drin gibt es viiiiele, viele Sachen,
Doch lass es uns hier einfach machen.

Dein Frühstücksei, vielleicht noch warm,
Geht aus dem Magen gleich zum [...].
Der sieben Meter lange Streber
Führt es vorbei an deiner [...]
Und drückt es zu Verdauungszwecken
Durch dick und dünn direkt ins [...],
Wo dann das Ei, nachdem es knallt,
Entweicht in anderer Gestalt.
An diesem Ort beginnen deine
Zwei langen (oder kurzen) [...].
Ganz gleich ob Oma oder Enkel –
Erst Ober-, dann der Unter[...].
Dazwischen knicken sie, und wie!
Ja, diese Stelle heißt das [...].
Danach, ganz unten, ganz zum Schluss,
Da steht dann irgendwann der [...],
Doch richtig fest kann er nur stehen,
Weil er fünf Kumpel hat – die [...]!

Auflösung

1. Hals
2. Arm
3. Hände
4. Finger
5. Daumen
6. Ellenbogen
7. Brust
8. Rippen
9. Wirbelsäule
10. Lungen
11. Herz
12. Magen
13. Bauch
14. Darm
15. Leber
16. Becken
17. Beine
18. Schenkel
19. Knie
20. Fuß
21. Zehen

Die Menschen fragen mich gehäuft,
Warum bei uns die Nase läuft,
Die Füße aber riechen. Na?
Ist Deutsch nicht
manchmal sonderbar?
Ach, Sprache hin, Grammatik her –
Bleib nur gesund!
Was will man mehr?

Dein Izzy